#eusoubaleiarosa

BUZZ

Publisher ANDERSON CAVALCANTE
Editora SIMONE PAULINO
Projeto gráfico ESTÚDIO GRIFO
Assistente de design LAIS IKOMA e STEPHANIE Y. SHU

Dados Internacionais de Catalogação na Publicação (CIP)
(Câmara Brasileira do Livro, SP, Brasil)

Hoppe, Ana Paula Vanderlei / Tiltscher, Rafael Seabra
Baleia rosa: Ana Paula Vanderlei Hoppe,
Tiltscher, Rafael Seabra.
1ª ed., São Paulo: Buzz Editora, 2017.
144 pp.

ISBN: 978-85-93156-23-6

1. Autoestima em adolescente 2. Redes sociais online – Aspectos sociais 3. Comunicação digital – Aspectos sociais 4. Desenvolvimento pessoal 5. Internet (Redes de computadores) 6. Jogos eletrônicos 7. Mundo virtual I. Título.

17-04816 CDD-303.4833

Índices para catálogo sistemático:
1. Jogos eletrônicos: Baleia rosa:
Autoestima: Aspectos sociais 303.4833

Buzz Editora Ltda.
Av. Paulista, 726 – mezanino
Cep: 01310-100 São Paulo, SP

[55 11] 4301-6421
contato@buzzeditora.com.br
www.buzzeditora.com.br

VOCÊ ESTÁ ESPALHANDO O BEM?

Ana Paula Hoppe
Rafael Tiltscher

Dedicatória

Agradecemos aos nossos familiares, que tanto têm nos apoiado, aos maravilhosos voluntários (não temos palavras no mundo para agradecer a cada um de vocês) e, em especial, a NOSSOS FILHOTES e Gabrielly, Leo, Mel, Mônica, Tânia Mara e Vânia. Nada seria possível sem vocês!

Sobretudo, agradecemos a oportunidade de viver e poder espalhar o bem! <3

Introdução

Estamos vivendo uma época de muita descrença, ódio, negatividade, impaciência, indiferença, incertezas. Falta esperança nas pessoas.

Nadando contra esta maré, decidimos através de simples tarefas, provar que TODOS nós somos poderosas ferramentas para reverter este quadro. Acreditamos que todos temos a capacidade de ajudar outras pessoas e construir o bem.

Espalhe a baleia rosa por onde você for!
#eusoubaleiarosa

Regras

1. DIVIRTA-SE, sempre com segurança!

2. Sempre que for publicar uma tarefa, nos marque **@eusoubaleiarosa** e use a **#eusoubaleiarosa**

3. Convide todo mundo para jogar com você.

4. E o mais importante:

ESPALHE O BEM, SEMPRE, POR ONDE VOCÊ FOR! <3

Colocamos algumas interações para que você possa perceber o quanto seu humor pode mudar de acordo com cada tarefa. Marque o emoji que mais te representa naquele dia e se quiser desabafar, use as linhas abaixo deles. :)

IMPORTANTE: na última página, tem o seu gráfico de sentimentos. Todos os emojis que você marcar no dia, marque lá atrás também, assim fica mais fácil você analisar o resultado. :)

Seja bem vindo, filhote! Divirta-se muito! <3

1

COMPLETE A BALEIA ROSA
COM FRASES MOTIVADORAS
E POSTE NO APLICATIVO
USANDO O QR CODE. :)

Como você está se sentindo hoje?

Quer escrever um pouquinho sobre este sentimento?

SEJA VOCÊ MESMO! O CERTO É SER VOCÊ ;)

2

ESTE DESAFIO É MUITO IMPORTANTE! VÁ ATÉ O ESPELHO MAIS PRÓXIMO E ELOGIE-SE NO ESPELHO DURANTE 5 MINUTOS! NEM UM MINUTO A MENOS. ;)

Às vezes, tudo o que nos falta é alguém que nos olhe nos olhos e nos diga o quanto somos especiais, importantes, inteligentes, belos, o quanto somos capazes de fazer muito mais. Seja esta pessoa para você! <3 Ame-se!

3

SABE AQUELA PESSOA COM QUEM VOCÊ NÃO FALA HÁ MUITO TEMPO? QUE TAL FALAR PARA ELA O QUANTO ELA FOI OU AINDA É IMPORTANTE NA SUA VIDA?

Dicas de como puxar assunto:

1. oi fulano, tudo bem? Estava aqui relendo um livro e lembrei daquela vez que a gente...

2. oi fulano, hoje bateu uma saudade daquele tempo... queria saber como você está! Sua amizade me faz falta.

3. oi fulano, tudo bem? Vi uma pessoa muito parecida com você na rua hoje! Você estava de verde? :)

4. estou com saudades, fulano!
Vamos nos ver? :)

4

ESCREVA NA FOLHA AO LADO "EU SOU LINDX" ATÉ ACABAR O ESPAÇO E POSTE NO APLICATIVO USANDO O QR CODE. :)

5

DESENHE NESTA FOLHA O SEU MAIOR SONHO! DESTAQUE A FOLHA E COLE EM UM LUGAR QUE VOCÊ VEJA TODOS OS DIAS. FAÇA DE TUDO PARA REALIZÁ-LO!

BALEIA ROSA

PARE TUDO O QUE VOCÊ
ESTÁ FAZENDO AGORA!!!

AGORA SORRIA! :D

VOCÊ É UMA PESSOA MARAVILHOSA.

6

ESCREVA NA FOLHA AO LADO UMA LISTA DE MÚSICAS QUE MUDAM O SEU DIA PARA MELHOR, DESTAQUE E TROQUE COM SEUS AMIGOS.

BALEIA ROSA

NUNCA DEIXE DE SONHAR.

7

TEM SEMPRE ALGUÉM PRECISANDO
DE UM CARINHO, NÃO É MESMO?
PARE O QUE VOCÊ ESTÁ FAZENDO
AGORA E VÁ ATÉ UMA PESSOA
DE QUEM VOCÊ GOSTE MUITO!
DÊ CARINHO A ESTA PESSOA. <3

Pode ser um cafuné.

Pode ser um abraço.

Pode ser ouvindo um desabafo.

Pode ser para o seu bichinho de estimação. <3

8

O BEM SÓ ATRAI O BEM, POR ISSO, PASSE UM DIA INTEIRO SEM USAR PALAVRAS NEGATIVAS!

Dicas de como ser positivo:

1. troque os termos: triste, chato, ruim etc por – não muito felizes, não muito legais, não muito bons! :)

2. se neste dia alguém fizer algo que te deixe chateado, pense que talvez esta pessoa não esteja num dia muito positivo e foque nas qualidades desta pessoa. Tenha compaixão por ela.

3. se algum pensamento não muito feliz tomar conta de você, perceba ao seu redor tudo o que te deixa muito feliz: uma comida quentinha, seu bichinho de estimação, um abraço de quem você ama.

9

ESCREVA TODAS AS SUAS BOAS AÇÕES E GUARDE NUM POTE DURANTE UM ANO. LEIA SEMPRE QUE ESTIVER NUM DIA NÃO MUITO BOM, PERCEBA O QUANTO VOCÊ É ESPECIAL E BOM! <3

O que pode ser uma boa ação?

– passear com seu cachorro

– jogar um lixo do chão na lixeira

– ajudar alguém com as tarefas domésticas

– ajudar alguém no colégio / trabalho

– segurar a porta do elevador para alguém

– se respeitar

– se colocar no lugar de outra pessoa

– não julgar as pessoas

Caça palavras do bem.
Encontre as frases abaixo:

~~Sorria mais~~

Você é uma pessoa maravilhosa

Você é importante

Você é único

Ame-se muito

Eu me amo

Respire fundo

Faça tudo com o coração

Sua vida é preciosa

Perdoe-se

Nunca deixe de sonhar

Concretize seus sonhos

Generosidade sempre

Viva o hoje

O	A	B	N	H	U	M	A	P	E	Á	K
B	V	O	C	Ê	É	U	M	A	P	E	S
R	H	C	Ê	M	Ã	N	U	N	C	A	D
N	V	I	V	A	O	H	O	J	E	S	Q
H	O	H	U	K	O	M	D	O	E	A	L
I	C	J	R	L	Ê	M	F	C	Á	T	U
O	Ê	Y	D	G	E	N	E	R	O	S	I
Í	É	D	R	V	O	C	Ê	É	I	M	P
V	Ú	T	Q	O	U	M	J	Ú	Ã	S	M
N	N	Ó	U	F	Ó	M	N	H	O	R	E
D	I	J	Ê	I	L	S	U	A	V	I	D
V	C	E	C	N	B	M	I	C	L	D	S
C	O	N	C	R	E	T	I	Z	E	S	E
F	A	Ç	A	T	U	D	O	C	O	M	O

M F U N M I L J A Ó B E

A M A R A V I L H O S A

X E D E S O N H A R O D

L A R G S É F D O B R G

Ó E U M E A M O L Ã R U

I I O K A K D E O O I R

D E S E M P R E V P A S

T A N T E G E S R E M A

V S P L M D L Q T R A H

I R E F U N D O W F I I

P R E C I O S A S D S D

M H S Ã T Q T H E D A E

S O N H O S D U R F Ã R

R A Ç Ã O B O E T Ú P S

Caça palavras do bem.
Encontre as palavras abaixo:

~~Amor~~
Felicidade
Sorte
Vida
Coração

Gratidão
Empatia
Perdão
Sonhar
Concretizar

Generosidade

Paciência

Resiliência

Persistência

Realizar

Sabedoria

Reflexão

Viva

B	I	V	S	É	U	A	I	G	A	G	E
V	V	I	V	A	I	U	H	P	Ú	E	C
U	J	D	Ê	Ó	P	S	P	E	A	D	O
A	M	A	D	A	E	G	S	R	E	A	N
O	I	V	H	J	R	A	S	S	A	K	C
D	K	A	L	M	D	L	C	I	D	S	R
C	O	R	A	Ç	Ã	O	E	S	O	M	E
A	É	C	Z	C	O	A	Ê	T	I	P	T
Á	Ú	A	Ú	P	A	C	I	Ê	N	C	I
I	Y	C	X	N	O	M	J	N	A	R	Z
L	I	Q	C	S	U	O	M	C	E	F	A
V	J	C	L	S	Í	Ã	C	I	D	S	R
S	A	B	E	D	O	R	I	A	E	S	O
F	S	Ç	M	T	A	D	O	A	O	G	O

R O S I D A D E O S F N

A M O R A V I L H A E A

E D R C O N H A F S L X

M A T S B I M T O T I D

H E E M P A T I A S C S

M R E S I L I Ê N C I A

D E S D M P R G O J D A

T A N T E I L R B A A M

M L R M N U I A N M D G

I I E F S N D T A S E S

M Z R I Ã I L I H B S U

S A L T G S L D E I B L

A R E F L E X Ã O G A I

R A Ç Ã O I L O R S T U

10

AGORA É HORA DE VOCÊ USAR TODA A SUA IMAGINAÇÃO! DESENHE NA PÁGINA AO LADO UM ANIMAL IMAGINÁRIO. DEPOIS DE PRONTO, NOS ENVIE PELO QR CODE NO APP. :)

11

BOAS MANEIRAS NUNCA SAEM DE MODA! DÊ BOM DIA, AGRADEÇA, SEJA GENTIL E RESPEITOSO COM TODAS AS PESSOAS QUE TE CERCAM. ALÉM DE FAZER BEM PARA VOCÊ, TAMBÉM FAZ BEM PARA O MUNDO!

Imagina só se todos pedissem licença, dessem passagem para outras pessoas, respeitassem o espaço do outro, não julgassem. Ia ser demais não é?

Isso pode ser mudado e pode começar por você! :)

Agradeça sempre que alguém fizer algo por você, vale desde a pessoa na padaria, até dentro de casa! ;)

Seja sempre cordial, sempre coloque-se no lugar do outro.

Já dizia vovó baleia: não faça com os outros aquilo que você não gosta que façam com você! ;)

12

DESCREVA NESTA FOLHA COMO VOCÊ GOSTARIA QUE FOSSE O ROTEIRO DE UM FILME SEU.

*SE VOCÊ GOSTA DE ESCREVER, TALVEZ SEJA NECESSÁRIO UM CADERNINHO, HIHI. :)

13

CRIE NESTA FOLHA UMA LETRA DE MÚSICA INSPIRADORA!

14

CUTUQUE A PESSOA
QUE ESTÁ PERTO DE VOCÊ
AGORA E DIGA A ELA
QUE ELA É MARAVILHOSA!

Pode ser na escola.

No trabalho.

Na mesa ao lado na praça de alimentação do shopping.

Na livraria.

No restaurante.

Na fila do cinema.

Na fila do banco.

No ônibus.

15

NA FOLHA AO LADO, ESCREVA UMA CARTA POSITIVA PARA ALGUÉM QUE SOFRE BULLYING, FOTOGRAFE E NOS ENVIE PELO APP.

16

PREENCHA A FOLHA AO LADO COM QUALIDADES SUAS, DESTAQUE E COLOQUE-A EM UM LUGAR ONDE VOCÊ VEJA TODOS OS DIAS. LEIA TODOS OS DIAS OLHANDO NO ESPELHO!

BALEIA ROSA

QUANDO A VIDA DECEPCIONA,
QUAL A SOLUÇÃO?

CONTINUE A _AD_R.

17

ABRA O QR CODE NO APLICATIVO PARA DESCOBRIR SUA PRÓXIMA TAREFA. USE A FOLHA AO LADO PARA ANOTAR!

18

PREENCHA A FOLHA AO LADO COM QUALIDADES DE ALGUÉM DA SUA FAMÍLIA OU AMIGO, DESTAQUE-A E ENTREGUE PARA ESTA PESSOA.

BALEIA ROSA

SEMPRE FAÇA ALGUÉM SORRIR.

Escreva uma qualidade sua para cada letra do seu nome e nos envie pelo QR Code:

Ⓐ AMIGÁVEL

◯ ____________________

◯ ____________________

◯ ____________________

◯ ____________________

◯ ____________________

◯ ____________________

◯ ____________________

◯ ____________________

◯ ____________________

◯ ____________________

◯ ____________________

Escreva uma qualidade de alguém muito especial para cada letra do nome dele e nos envie pelo QR Code e também para esta pessoa:

19

ESCREVA FRASES MOTIVACIONAIS EM PEDAÇOS DE PAPEL E DEIXE PELO MUNDO.

Pode ser no mural da sua escola.

Nos postes da cidade.

Dentro de livros nas livrarias.

Em produtos no supermercado.

20

TODOS OS DIAS, ESCREVA AQUI UMA PALAVRA NOVA QUE VOCÊ TENHA APRENDIDO E O SEU SIGNIFICADO (PODE SER EM OUTRAS LÍNGUAS).

21

DIGA A TODAS AS PESSOAS PELAS QUAIS VOCÊ PASSA AO LONGO DO DIA, (QUE ESTÃO TRABALHANDO), O QUANTO O TRABALHO DELAS É IMPORTANTE!

Sr. porteirx, obrigadx por zelar por nossa segurança! Você é muito importante para nós.

Sr. pessoa da limpeza, muito obrigadx por cuidar que nossos ambientes estejam sempre limpos! Você é muito importante para nós.

Sr. motorista, obrigadx por nos conduzir de casa até o nosso destino com segurança! Você é muito importante para nós.

E assim com todas as pessoas com as quais você convive. Pense no quanto somos apenas uma pequena parte de todo um sistema! Somos todos importantes! <3

22

ESCREVA NA FOLHA AO LADO FRASES SOBRE VOCÊ QUE VOCÊ GOSTARIA DE OUVIR, DESTAQUE E COLE ONDE VOCÊ CONSIGA VER. LEIA TODOS OS DIAS! :)

BALEIA ROSA

VOCÊ É ESPECIAL.

23

SABEMOS QUE OS MELHORES PRESENTES NÃO TÊM PREÇO. DESAFIAMOS VOCÊ A ORGANIZAR UM AMIGO SECRETO NO ALMOÇO DE DOMINGO E, AO INVÉS DE TROCAR PRESENTES, TROCAR SENTIMENTOS!

Registre alguns momentos e envie pelo APP.

Ex.: desejo que você tenha muito amor, muita saúde, muita felicidade, você é importante para nós porque sempre se preocupa com todos etc.

24

VOCÊ CONHECE A HISTÓRIA DO ORIGAMI? FAÇA UM E DOE PARA ALGUÉM QUE VOCÊ AME MUITO. COMPARTILHE ESSA IDEIA.

O ato de dobrar o papel representa a transformação da vida. Parte da ideia de que esse pedaço, um dia, foi a semente de uma planta que germinou, cresceu e se transformou numa árvore. E que depois, o homem transformou a planta em folhas de papel, cortando-as em quadrados, dobrando-as em várias formas geométricas representando animais, plantas ou outros objetos. Onde os outros viam apenas uma folha quadrada, o origamista pode ver a origem de todas as formas se transbordando.

Devemos ter consciência que somos
apenas uma pequena parte de
algo muito maior e por isso, vamos
espalhar o amor por onde formos! <3

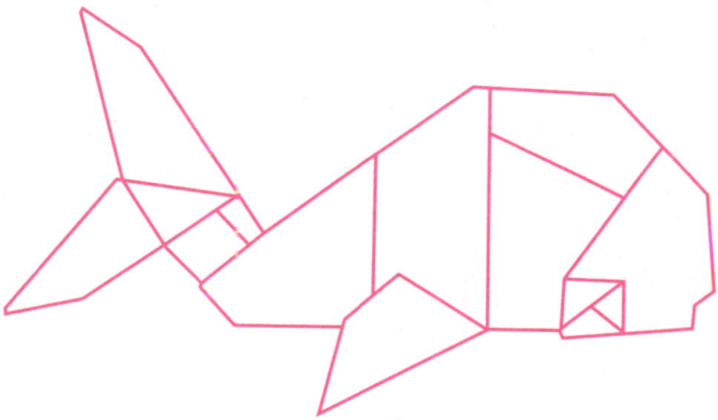

25

FAÇA UMA LISTA COM 3 COISAS / SITUAÇÕES QUE MAIS TE DEIXARAM FELIZ! QUANDO PRECISAR, LEMBRE DESSES MOMENTOS.

26

ESCREVA NA FOLHA AO LADO
COMO VOCÊ DEFENDERIA ALGUÉM
QUE ESTIVESSE SOFRENDO
BULLYING NA SUA FRENTE.
FOTOGRAFE E NOS ENVIE PELO APP.

27

POR UM DIA INTEIRO, COLOQUE-SE
NO LUGAR DE OUTRA PESSOA.
NO FINAL DO DIA, ESCREVA AQUI
AO LADO O QUE VOCÊ DESCOBRIU.

28

PROPONHA ÀS PESSOAS QUE MORAM COM VOCÊ, QUE POR 7 DIAS, VOCÊS PASSEM 1 HORA CONVERSANDO ENTRE SI, SEM USAR TV E TELEFONE. TODOS OS DIAS, ESCREVA NA FOLHA AO LADO O QUE VOCÊ APRENDEU SOBRE ELAS NAQUELE DIA.

No primeiro dia, tire uma foto de todos antes da conversa, e nos envie pelo APP, faça o mesmo no último dia, mas após a conversa. Nos mande também seus aprendizados. :)

29

DURANTE 7 DIAS,
ARRUME SUA CAMA
ANTES DE SAIR DE CASA.

Lave sua própria louça depois de usar. Você pode fazer uma gentileza e lavar a louça de outra pessoa também, enquanto lava a sua.

Guarde suas coisas que estão espalhadas pela casa.

Crie o hábito de tirar os sapatos antes de entrar no seu quarto.

Crie o hábito de planejar sua semana.

30

O AMOR PODE SER DEMONSTRADO NOS PEQUENOS GESTOS, COMO POR EXEMPLO, PREPARANDO UMA REFEIÇÃO! :)
FAÇA UM PRATO PARA QUEM VOCÊ GOSTA (PEÇA AJUDA PARA UM ADULTO SE VOCÊ AINDA FOR MENOR).

Pode ser um sanduíche.

Pão com geleia.

Um prato com várias frutas.

Um copo de suco com bolachas.

Ou organizar um café na cama
para alguém que você ama.

31

ESCREVA NA PÁGINA AO LADO, MOMENTOS QUE MAIS MARCARAM SUA VIDA!

32

ESCREVA NA PÁGINA AO LADO COISAS QUE GOSTARIA DE MUDAR EM VOCÊ E COMO VOCÊ PODERIA AJUDAR OUTRA PESSOA A MUDAR ESTAS MESMAS COISAS.

33

ESCUTE ALGUÉM QUE TEM MUITAS HISTÓRIAS PARA CONTAR – JÁ PENSOU EM ADOTAR UM VOVÔ OU VOVÓ NUMA CASA DE REPOUSO? CONVIDE ALGUÉM PARA FAZER ISSO COM VOCÊ.

REGISTRE E COLE NA FOLHA AO LADO. :)

34

RESPIRE O MAIS FUNDO QUE PUDER E SOLTE O AR BEEEEEEEM DEVAGAR. FAÇA ISSO DURANTE 3 MINUTOS E DURANTE ESSE PERÍODO PENSE EM COISAS POSITIVAS.

Faça esse exercício sempre que estiver sentindo uma ansiedade muito grande, ou quando sentir cansaço ou quando precisar parar alguns minutos! :)

35

DURANTE 5 DIAS, FAÇA ALGUMA ATIVIDADE FÍSICA AO AR LIVRE.

Convide seus amigos, familiares ou pessoas que você ama. :)

Pode ser andar de bicicleta, caminhar, correr, andar de patins. Aproveite o mundo lá fora!

36

COMECE UM DIÁRIO!

Benefícios:

Ajuda a lidar com suas emoções e clarear pensamentos. Além de praticar a escrita, é um potente exercício para a criatividade.

Ótimo para registrar momentos e lições que você aprende na sua vida.

Comece devagar, registrando coisas pequenas. Com o tempo você vai aumentando os detalhes e o exercício vai se tornar um hábito. :)

37

FAÇA 3 PERGUNTAS PARA 3 PESSOAS QUE VOCÊ CONHECE POUCO. ESCREVA NA FOLHA AO LADO SUAS PERGUNTAS E AS RESPOSTAS. :)

38

CONTE 3 CURIOSIDADES SOBRE VOCÊ PARA ALGUÉM QUE ACHA QUE TE CONHECE MUITO. ESCREVA NA FOLHA AO LADO QUAL FOI A REAÇÃO DELA.

39

NA FOLHA AO LADO, FAÇA UMA LISTA DE TODAS AS COISAS QUE VOCÊ TEM NA VIDA, VÁ ATÉ O ESPELHO E LEIA AGRADECENDO, TODOS OS DIAS, DURANTE 2 SEMANAS.

Por sua vida, por poder respirar, por andar, por conseguir se comunicar com as pessoas, por todos os dias poder tentar fazer algo novo, pelas coisas materiais, pelas pessoas que te cercam etc.

Faça uma lista bem detalhada!

40

ESCREVA NA FOLHA AO LADO UMA CARTA PARA VOCÊ DO FUTURO E GUARDE, SÓ ABRA DAQUI A 10 ANOS.

*SE VOCÊ GOSTA DE ESCREVER, TALVEZ SEJA NECESSÁRIO MAIS UMA FOLHA. :)

Não poupe os detalhes, escreva como se teus planos já estivessem concretizados, conte um pouco do que está acontecendo com você hoje e como você espera estar no futuro. :)

QUERIDO (A) ________,

DOBRE PARA FECHAR A CARTA

BALEIA ROSA

NUNCA DEIXE DE SONHAR.

Exercite o perdão! Escreva na folha ao lado tudo aquilo que te faz sentir-se mal, vá até o espelho e leia se perdoando.

41

ESCREVA NA FOLHA AO LADO AS FRASES USANDO A MÃO COM A QUAL VOCÊ NÃO ESCREVE. :)

Tempo

O tempo perguntou pro tempo
quanto tempo o tempo tem.
O tempo respondeu pro tempo
que o tempo tem tanto tempo
quanto tempo o tempo tem.

42

NA FOLHA AO LADO,
ESCREVA SUA PRÓPRIA
TAREFA E NOS ENVIE! :)

43

ENCHA A PÁGINA AO LADO COM DIGITAIS OU ASSINATURAS DE PESSOAS QUE VOCÊ AMA.

44

DURANTE UMA SEMANA, FAÇA ALGO QUE VOCÊ NUNCA FEZ ANTES, (TODOS OS DIAS TEM QUE SER ALGO NOVO), E LISTE NA FOLHA AO LADO! NOS ENVIE DEPOIS DE PRONTA. :)

45

ABRACE MENTALMENTE TODOS QUE PASSAREM POR VOCÊ HOJE.

Dizem que a força do pensamento é poderosa!

Use esse seu poder hoje, para distribuir o amor. <3

46

PASSE UM DIA INTEIRO DESEJANDO O BEM PARA TODOS QUE PASSAREM POR VOCÊ HOJE, ATÉ NO TRÂNSITO! ;)

É hora de desejar o bem maior!

Durante todo esse dia, deseje o bem a TODAS as pessoas, como se estivesse desejando o seu próprio bem!

47

PASSE UM DIA INTEIRO
SEM JULGAR NINGUÉM.

Um dos nossos maiores defeitos, é o julgamento. Estamos sempre julgando, a nós mesmos e aos outros, sem antes sequer pensar na situação como um todo.

Nesta tarefa, sempre que este pensamento tomar conta de você, procure se colocar no lugar do outro e tente criar na sua mente os motivos para tal comportamento e principalmente, tente conhecer todos os lados da mesma história antes de julgar uma pessoa ;)

48

COLE NA FOLHA AO LADO
UMA FOTO SUA DE UM
DIA MUITO ESPECIAL
E NOS ENVIE PELO APP.

49

SEMPRE QUE ESTIVER PRECISANDO CONVERSAR OU ESTIVER PRECISANDO DE AJUDA, PEÇA. PONHA PRA FORA!

Temos a tendência de achar que as pessoas não nos percebem, mas muitas vezes, nós não nos deixamos ser percebidos.

Por isso, é sempre importante que o diálogo seja sua maior ferramenta de comunicação.

Tenha como hábito, dizer às pessoas de forma sincera, tudo o que você sente. Não se esconda! <3

50

TODOS OS DIAS,
SALVE UMA VIDA!

Como fazer isso? Pode ser um animal/ inseto indefeso.

Pode ser sua própria vida.

Pode ser demonstrando muito amor para todos os que te cercam e com quem você se importa.

Pode ser ajudando uma outra pessoa (ouvindo, conversando, apenas mostrando que se importa com ela, já pode ser muito).

Tenha empatia, sempre coloque-se no lugar de outro ser vivo! <3

Gráfico do sentimento

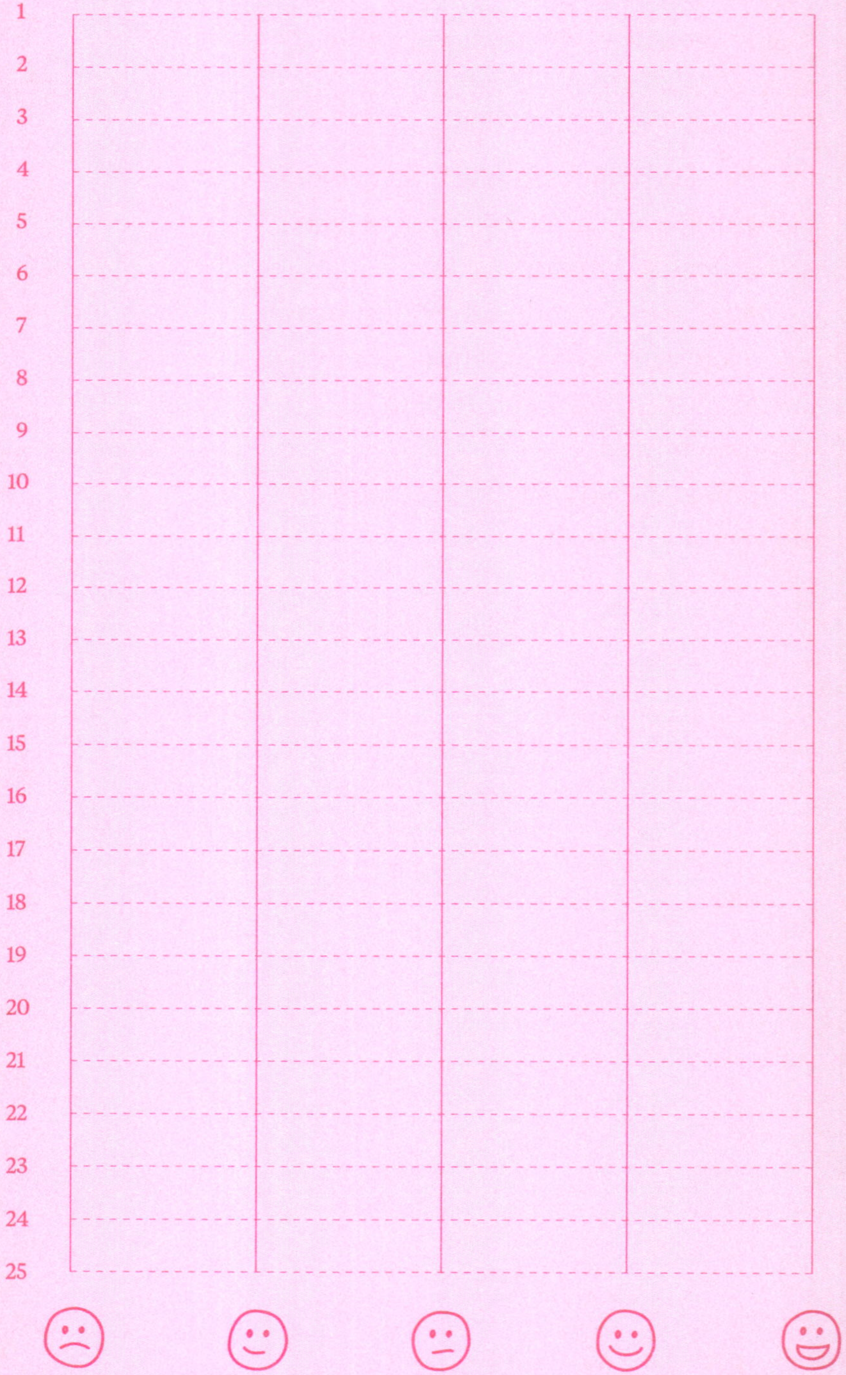

FAÇA UMA MARCA NOS CRUZAMENTOS E LIGUE OS PONTOS →

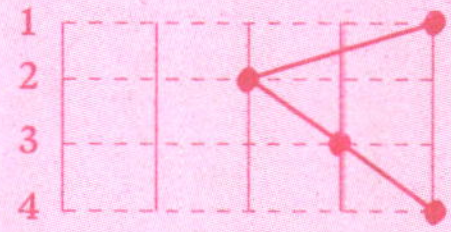

26
27
28
29
30
31
32
33
34
35
36
37
38
39
40
41
42
43
44
45
46
47
48
49
50

Agora que você chegou até aqui, vamos conversar um pouquinho?

Você tem espalhado o bem no seu dia a dia? Tem alguma atitude que conseguiu mudar depois das nossas tarefas? Como está se sentindo em relação a isso?

É uma sensação boa não é?! :)

E se você pudesse multiplicar essa sensação, não seria demais?! :D

Você pode fazer isso! Todos os dias, replique as tarefas no seu cotidiano, mude velhos hábitos, aprenda novas coisas, encoraje seus amigos e família a conhecer a Baleia Rosa. Espalhe essa corrente do bem por onde você for!

SEJA LUZ TODOS OS DIAS! <3
SEJA A MUDANÇA QUE
VOCÊ QUER VER NO MUNDO!

Para baixar o APP, acesse nosso site:
baleiarosa.com.br

Faça parte do nosso mar também
nas redes sociais. :)
Facebook: **@eusoubaleiarosa**
Instagram: **@eusoubaleiarosa**
Twitter: **@eusoubaleiarosa**

Fontes TIEMPOS, SUE ELLEN FRANCISCO